Martin Szegedi

GEWINNBRINGENDER VERLUST

GEWINNBRINGENDER VERLUST

Martin Szegedi

Bibliografische Information der Deutschen Nationalbibliothek: Die Deutsche Nationalbibliothek verzeichnet diese Publikation in der Deutschen Nationalbibliografie; detaillierte bibliografische Daten sind im Internet über dnb.dnb.de abrufbar.

Verlag: BoD · Books on Demand GmbH, Überseering 33, 22297 Hamburg, bod@bod.de

Druck: Libri Plureos GmbH, Friedensallee 273, 22763 Hamburg

ISBN: 978-3-8192-4538-1

Für Johannes Elster*

* Der beste Poetry-Slam Moderator
  den es geben kann!

Inhalt

Intimes..S.9
Gesellschaftsstand.....................................S.10
Problem...S.11
Fraß..S.12
Bürgergeld...S.13
Stand der Politik...S.14
Ruf..S.15
Fehlentscheidung.......................................S.16
Verpflanzt...S.17
Steaks aus der Petrischale.........................S.18
Ein Sommerdilemma...................................S.20
Die Liebe im Wandel...................................S.21
Aufbruch...S.22
Afghanistan...S.23
Dialog...S.25
Schönrederei..S.26
Interessiertheit..S.27
KI-Problematik..S.28
Der Könner..S.29
Die Vier-Tage-Woche..................................S.31
Zustand der Weltwirtschaft 2024.................S.32
Algorithmen ausgeliefert.............................S.33
Anspruchslos..S.34
Erleichterung..S.35
Der 3D-Druck..S.36
Vorfahrt...S.37
Corona..S.38
Spritpreise aktuell (2023)............................S.39
Psychopharmaka...S.40
Der Markt regelt alles?................................S.42
Ampelpolitik 2022-2023..............................S.43
Ukraine-Krieg..S.44
Besetzt...S.45
Doktrin..S.46
Ehrwürdig..S.47

Abweichung.....................................S.48

Pro und Kontra.................................S.49

Zeitnot...S.51

Absurdistan....................................S.52

Zeichen...S.54

Vorausschauend................................S.55

Richtig angepackt.............................S.56

Dumping..S.57

Zu befürchten..................................S.58

Vernachlässigt.................................S.59

Gesellschaftsspiegel..........................S.60

Suche...S.61

Alarmierend....................................S.62

Vollbeschäftigt................................S.63

Energiekrise...................................S.64

Unfair..S.65

Optimierung....................................S.66

Was uns bleibt.................................S.67

Autonomes Fahren..............................S.68

Ampel-Ausfälle 2023...........................S.69

Schattenseite..................................S.70

Irre..S.71

Andere Zeiten..................................S.72

Schwindel.......................................S.73

Sehnsucht.......................................S.74

Aufatmen..S.75

Verstoss..S.76

Verwechslung...................................S.77

Landwirtschaftsproblem........................S.78

Die Mauer.......................................S.79

Trauungszeremonie.............................S.80

An meinen potentiellen Verleger...............S.81

Tempowechsel...................................S.82

Dankbare Freude...............................S.83

Früh übt sich..................................S.84

Auf dem richtigen Weg.........................S.85

Vor- und Nachteil.............................S.86

INTIMES

Wegen meinen seltsamen Ideen,
hab ich wie die Frauen,
die sich zu gebären trauen,
auch Wehen.

Aber geistiger Art,
die sind daher nichts Schlimmes –
nur was man spürt wenn zu Intimes,
der Welt wird offenbart.

So kann man sich selbst verletzen,
bis hin zur Blamage.
Denn es braucht ja DOCH Courage,
Verborg'nes andern zu verpetzen!

Auch wenn man hiermit übertreibt,
heut' darf man über alles reden.
Darum kann man einen jeden
erreichen mit was man schreibt.

GESELLSCHAFTSSTAND

Auf großem Fuß leben ist schwer,
denn man braucht dazu,
erstens als Zubehör,
auch die passenden Schuh'.

Meine sind billig und klein,
doch gut genug zum herum geh'n,
ich brauch kein Markendesign,
nach dem sich alle umdreh'n.

Für meinen Gesellschaftsstand
und Leute von meinem Schlag,
ist nicht nur so was elegant,
sondern das meiste, heutzutag'.

Weil manches hoch ist im Preis,
lass ich außer Acht den Wert.
Man richtet sich nach was man weiß,
dass es sich AUCH hat bewährt.

PROBLEM

Man verlangt's wenn's kriselt allen,
doch wie soll man manchen sagen
den Gürtel enger zu schnallen,

wenn sie Hosenträger tragen?

FRASS

Wer fleischlos kocht macht's kreativ:
mediterran oder gar indisch.
Doch ich bleib konservativ
und ernähr' mich vegetierisch!

Ich ess' auch gern Gemüse,
aber in der Regel,
bei genauer Analyse,
dazu noch ein Hähnchenschlegel!

Oder oft ein Stück vom Schwein,
einmal in der Woch' gibt's Fisch
und es muss auch gar kein Fleisch sein,
an manchen Tagen auf dem Tisch.

Beim Kochen kommt es auf das WIE an
und nicht allein auf das WAS.
Manchmal übertreibt man,
dann hat man statt den Salat – den Fraß!

BÜRGERGELD 2024

TV-Bericht

Kaum eine andere Tugend
wird so hoch gehalten,
gleichermaßen bei den Alten,
als auch teils bei der Jugend,

wie der Fleiß.
Denn wer was schafft,
dem gebührt, wie jeder weiß,
Respekt in der Gesellschaft.

Und weil in unsrer Welt,
fleißig sein sich lohnen soll,
debattiert man seit lang wohl,
heiß über das Bürgergeld.

Die größte Sozialreform
in Deutschland, seit Jahrzehnten,
für die sich einsetzen enorm,
die „Roten" mit ihren Talenten.

Doch nach ihrer Einführung,
ist die Sozialleistung bald
in Verruf geraten halt,
und mit ihr die Regierung.

Denn stets kleiner wird der Abstand
zwischen Bürgergeld und Löhnen:
wer schafft und dabei muss stöhnen,
sollte mehr kriegen auf die Hand!

STAND DER POLITIK

Ob sich das Hoffen noch lohnt?
Denn man hat's so weit gebracht:
man ist gar nicht mehr gewohnt,

*dass man was man sagt, auch macht!**

* aus dem Volksmund

RUF

Es störte sie nicht,
auch wenn sie galt im Städtchen,
trotz Übergewicht,

als...leichtes Mädchen!

FEHLENTSCHEIDUNG

(aus der Presse)

Die Idee war nicht schlecht:
um Menschen mit Phantasie
mehr an der Demokratie
zu beteiligen, mit Recht,

wollte man mal sogenannte
Bürgerräte auch einsetzen,
die dann hätten wohl mitschwätzen
können hierzulande,

bei der sozialen Gestaltung.
Denn vor allem die kleinen Leute
fühl'n sich nicht mehr vertreten heute,
was dann erschwert ihre Entfaltung.

Doch haben die Ampelfraktionen,
diese Idee halt stümperhaft
versenkt und aus der Welt geschafft –
kann Gutes nicht sich immer lohnen?

VERPFLANZT

Nun ist endlich alles drin
und macht auch Spaß das Ganze,
seit dass ich in Rente bin,
lebe ich wie eine Pflanze.

Die man in einen Topf zuletzt
versetzt hat, über Nacht, vom Feld:
man ist nicht mehr ausgesetzt
den Witterungen der Arbeitswelt.

Man kann sich selbst bewässern
mit Bier oder Spirituosen
und den Ertrag verbessern
um ein paar Almosen,

mit einem neuen Gedichtband,
verkauft meistens an Bekannte.
Denn ich bin bloß ein Lieferant
von Sprüchen, in Reim-Variante!

STEAKS AUS DER PETRISCHALE

TV-Bericht

Genuss ohne Gewissensbisse:
Laborfleisch auf den Markt nun drängt,
auch wenn es gibt Hindernisse
und manch Verbot noch wird verhängt.

Darf es ein saftiges Steak sein,
Hähnchenfilet oder gar Fisch?
Fällt Ihnen was anderes ein,
kriegen Sie's auch auf den Tisch!

Vom ersten Produktionsschritt
bis dahin zum Teller,
dauert's ein Monat, im Schnitt,
es geht eben nicht schneller.

Denn das Ganze findet statt
im Bioreaktor, lässt sich hören,
wo bei siebenunddreißig Grad
die Stammzellen sich vermehren.

Die werden dem Tier entnommen
wie bei einer Biopsie,
so dass Schmerzen nicht vorkommen
oder auch Blutungen nie.

Irgendwann kann man damit,
zum Teil die Fleischproduktion
auf der Erd' wohl exquisit
ersetzen, im Weltmarathon.

Steaks zu züchten ist nicht unklug,
denn somit muss kein Tier mehr sterben.
Man stellt auch nicht her einen Krug,
nur weil man braucht die Scherben!

2022

EIN SOMMERDILEMMA

Das ist gar nicht angenehm:
in Apotheken sind seit Januar,
Erkältungsmittel nicht verfügbar –

*Husten, wir haben ein Problem!**

* Zitat aus „extra 3" TV-Sendung

DIE LIEBE IM WANDEL

In der Jugend war man prüde
und in der Liebe nicht von Fach,
und obwohl man nicht war müde,
schlief man doch gut ein *danach*.

Ohne zu geh'n in die Lehre,
geriet man in den Stoßverkehr
und war wie alle Amateure,
hinterdrein klüger als vorher.

Heut' gehört man zu den Alten
und schaut gemeinsam im Bett Fern,
nicht mal mehr Händchen wird gehalten –
auch wenn man sich immer noch hat gern!

AUFBRUCH

    TV-Bericht

Wenn sich breit macht das Gefühl,
von der Politik und manch' Behörden
dauernd ignoriert zu werden,
führt das zu Frust, der dann ins Spiel

bringt, irgendwann, den zivilen
Ungehorsam auf die Straßen,
in Formen die man kaum kann fassen,
weil sie widerstehen vielen.

Es sind unsre Enkel die uns mahnen,
eben auch daran Teil zu nehmen.
Wobei man es ja kann erahnen:
WIR sind die Reif'ren! Die sich bequemen

und es sich einfach wollen machen.
Dabei haben doch in Zukunft
wegen unsrer Unvernunft,
andere nicht viel zu lachen.

Hinterlässt im Auslaufen,
die Babyboomergeneration
den jüngeren bloß Frustration
und einen Scherbenhaufen?

Die Alten müssen vom Sofa runter
und den Jungen beisteh'n
die unbefangen, frisch und munter,
auch NEUE Wege wollen geh'n!

AFGHANISTAN

TV-Bericht

Vor dem Krieg gegen die Taliban
gab's zu DER Zeit kein Entrinnen,
doch konnte man ihn nicht gewinnen –
man kam einfach nicht voran.

Nun wird vor Ort heutzutage,
klar sichtbar das Gesicht des Elends:
es verschlechtert sich zusehends
die humanitäre Lage.

Der Frieden brachte ins Geschehen
Armut und Verbote,
das Land war immer schon marode,
wie wird's in Zukunft aussehen?

Es gibt Millionen von Leuten,
die sich müssen fragen prompt,
von wo die nächste Mahlzeit kommt,
in runtergekommenen Gebäuden?

Unzählige Frauen zermürbt,
dass sie ihren Job verloren,
und wird ein Kind geboren,
bangt man, dass es zu früh stirbt.

Denn Babys werden oft nicht satt
und leiden an Mangelernährung,
dann gibt's auch in Kliniken Entbehrung,
weil man kein freies Bett mehr hat.

Trotz alldem, den Frauen fällt
die tragende Rolle halt zu,
kommt man als Mann hier auf die Welt,
hat man für immer seine Ruh'!

2021

DIALOG
(ernüchternd)

- „Liebste,
   ich hab mal wieder blau,
   ein Gedicht geschreibt.“
- „Schatz, man sagt: GESCHRIEBEN“,
   korrigiert mich meine Frau.

- „Ja, ja, viele haben geschrieben,
   sind aber nicht geblieben.
   Doch wer SCHREIBT,
   der bleibt!“

SCHÖNREDEREI

TV-Bericht

Sozialhilfe hieß es einmal
was heute ist das „Bürgergeld",
weil's einen weniger brutal,
in ein schlechtes Licht so stellt.

Das Abreißen von Gebäuden
wird als „Rückbau", wohl, bezeichnet,
auch wenn's das Gleiche soll bedeuten,
ist es nicht besser geeignet.

Der Gipfel der Begriffsaufweichung
ist dann das „Sondervermögen":
Schulden als Guthabenbezeichnung –
das kann ja keiner widerlegen!

Kein Wunder, dass sich manche Leut',
von der Politik abwenden,
zu viel Kosmetik bloß, gibt's heut',
mit der man das Volk will blenden!

INTERESSIERTHEIT

Nach der gegrillten Bratwurst,
probierte er voll Neugier,
manchen Wein und manches Bier –

aus lauter Wissensdurst!

KI-PROBLEMATIK

TV-Bericht

Es ist ein Bangen und Hoffen.
Ob nun die Superhirne
die alles könnten richten,
den Menschen überholen,
ausschalten oder gar vernichten,
ist einstweilen noch offen.

Doch das Menschliche Abwägen
ist einzigartig wohl auf Erden,
und kann nicht, seiner Feinheit wegen,
durch Algorithmen ersetzt werden.

In diesem komplexen Kontext
interessant wird es sobald,
lernfähige Roboter halt
durch Interaktion zunächst,

sich physikalisch auch selbst
mal replizieren können.
Dann gibt's nichts mehr was sie bremst,
um uns nicht zu überrennen.

Dann träte grad so wie noch nie,
'ne neue Art Leben auf den Plan,
die nichts zu tun hat mit Biologie
und sich trotzdem vervielfachen kann!

DER KÖNNER

для Johannes

Nach so vielen Jahren Poetry-Slam
in unserem Heidenheim,
mach' ich mir es nicht bequem
und möchte in Vers und Reim,

gebrauchend auch Überblendungen,
einen wichtigen Aspekt
dieser Abenden hervorheben:
vor vierzig Jahr' hatt' ich entdeckt
die satirischen Fernsehsendungen,
die mir bereicherten das Leben.

Diese werden meistens moderiert.
Ein Job für den auf Erden,
nicht alle geboren werden –
nur *manche* sind dafür prädestiniert.

Denn ein richtiger Moderator
mit geistiger Haltung,
ist ein effektvoller Katalysator
für so eine Veranstaltung.

Der die einzelne Vorträge,
die eigentlich stattfinden zerhackt,
jeder von einem anderen Gepräge,
zu einem einheitlichen Erlebnis macht.

Und unser Elster Johannes,
den wir seit zwölf Jahren kennen,
DER, liebe Leute, kann es
wie kein andrer –
um's beim Namen zu nennen!

Ein Meister der Improvisation,
unmittelbar, an Ort und Stelle.
Wer ihn erlebte in Aktion
weiß, dass er auch auf die Schnelle

den passenden Spruch, ganz spontan,
für jede einzelne Situation,
zum Mund 'raus bringen kann.
So was kennt man faktisch schon

von Thomas Gottschalks Art zu spaßen.
Doch Gottschalks Schlagfertigkeitsgeist
war – im Vergleich – wohl zumeist
großkörniger, gewissermaßen.

Bei Poetry-Slams hingegen,
geht es eher um Feinheiten.
Und daher, dank Spitzfindigkeiten,
ist unser Johannes ein Segen!

Als Moderator find' ich ihn sogar größer
als der tolle Dieter Nuhr!
Er fasst geistreicher und besser
zusammen die Vorträge, mit Bravour,

einfach so, flink, aus dem *Stegreif,*
als hätte es ihm Gott gefunkt:
Johannes bringt alles auf den Punkt
und versprüht Geist über uns, live!

Der prickelt und bildet Perle um Perle,
wie der Sekt in einem Glas!
Zum Schluss wünsch' ich mir nur noch etwas:
gebe uns Gott mehr solche Kerle!

DIE VIER TAGE WOCHE

Jetzt sind wir schon so weit:
man plant sich selbst zu bestehlen,
durch Verkürzung der Arbeitszeit –

wo ja grad' Arbeitskräfte fehlen!

2024

ZUSTAND DER WELTWIRTSCHAFT 2024

TV-Report

Manchmal wenn Schlimmes passiert,
kommt es für manche wie bestellt.
So sind auch die Reichen der Welt
grundsätzlich nicht interessiert

Krisen zu vermeiden:
als hätt' man damit nichts am Hut,
verdienen sie eigentlich gut,
grad' in solchen Zeiten.

Die fünf reichsten Leute mehrten
ihr Geld in vier Jahren, offenbar,
laut den Statistik-Experten,
von vierhundert
auf achthundert Milliarden Dollar!

Beim genaueren Hinschauen,
werden Milliardäre reicher
und die Armen,
besonders Nicht-Weiße und Frauen,
immer zahlreicher!

ALGORITHMEN AUSGELIEFERT

TV-Bericht

In den letzten zweihundert Jahren,
konnte man Schulen, weltweit,
vor mehr als hundert
Amokläufen nicht bewahren.
Drum sucht man in der letzten Zeit,

nach Gefährdern mit KI,
der wir haben zu verdanken,
dass auffällige Schüler, mit Akribie,
gespeichert werden in Datenbanken.

Solch' Informationen können aber Leuten
beeinflussen den Werdegang,
und manchmal ein Leben lang,
für sie Unglück bedeuten.

Moderne Systeme soeben,
als Überwacher unseres Tuns,
verändern tiefgehend uns,
samt der Welt in der wir leben.

ANSPRUCHSLOS

Ich war auch mal beinah' arm.
Drum esse ich alles, vom Zement aufwärts
und trinke alles – oberhalb von Gips.
Hauptsach' es wird nicht hart im Darm,
geht nicht auf's Herz,

und man kann es
wieder ausscheiden ins Nichts!

2005

ERLEICHTERUNG

Unsere moderne Art zu leben
ist geprägt von Apparaten,
bald haben wir auch Automaten,
die für uns das Geld ausgeben!

Wir müssen es nur noch verdienen,
der Rest wird uns abgenommen,
auf dass wir schnell zur Ruhe kommen,
dank menschenfreundlichen Maschinen.

Nur so was wird dann eben teuer,
denn der Staat hat schon inzwischen,
klar gestellt er möcht' mitmischen
und kassier'n … Vergnügungssteuer!

DER 3D-DRUCK

("nano" TV-Sendung)

Im additiven Verfahren
wird im Drucker ein Metall-
oder Kunststoffpulver per Laserstrahlen
geschmolzen ein jedes Mal.

Des Laserstrahls Intensität
schmilzt Pulverschicht um Pulverschicht,
bis die gewünschte Form entsteht,
mit einem viel kleineren Gewicht,

als wenn man sie herkömmlich herstellt,
wo acht(!) Mal mehr Rohmaterial
das Endprodukt eben enthält,
und hinzu kommt auch mehr Abfall.

So kann man komplexe Strukturen
sehr viel einfacher fertigen,
hinterlassend deutlich Spuren,
auch im Neu-Gegenwärtigen!

VORFAHRT

Ohne andre Dichter zu verletzen,
war ich und bleibe ein Rhapsode,
der *authentisch* sich will durchsetzen,
und nicht so wie grad' ist die Mode.

Mir gibt nicht vor kein Verlag,
wie ich hab' zu schreiben,
ich mach' das wie *ich* es mag,
und so wird es immer bleiben.

Meine Zeit wird auch noch kommen,
rechtzeitig oder posthum.
So hab' ich es mir vorgenommen,
und es stimmt mich nichts mehr um.

Jung, lebte ich auf meine Art:
hab' GELD verdient, mir nicht geborgt.
Nun haben meine TRÄUME Vorfahrt,
bis man mich ins Grab entsorgt.

CORONA

    TV-Bericht

Sämtliche Pandemien
die wir auf Erden erleben,
kommen aus dem Tierreich eben,
und man kann schwer ihnen entfliehen.

Wir geh'n heut' viel mit Tieren um,
von denen wir manche auch schlachten,
so kann der Erreger kurzum,
weil man auf alles nicht kann achten,

auf den Menschen überspringen
und sich anfangs schnell ausbreiten,
bis wir in Erkenntnis bringen
wie man stoppt sein Voranschreiten.

Das Coronavirus stammt
von einer Art Fledermaus,
und forderte mal, insgesamt,
fast die ganze Welt heraus.

Damals hat man festgestellt,
dass alles eng zusammenhängt:
unsre Gesundheit, uneingeschränkt,
mit der der Tieren und der Umwelt!

         2023

SPRITPREISE AKTUELL (2023)

Das tut doch irgendwie weh,
wenn es nicht läuft wie es soll:
der Tank ist voll

und leer...das Portemonnaie!

PSYCHOPHARMAKA

      von 1993 bis 1998 litt ich an
      Schizophrenie

Das Fluanxol* – ob man mir glaubt
oder nicht – versetzte mir am Anfang
einen Schlag auf das Haupt:
mir wurde schwindlig, eine Zeit lang.

Fühlte mich wie ausgesetzt
einer heimtückischen Macht,
die mich in diesem Hier und Jetzt
in Besitz nahm, Tag und Nacht.

Das Leben wurde so unfair,
nicht nur mit MIR ab dann:
konnt' nicht mehr stehen meinen Mann,
im Bett lief beinah' nichts mehr.

Eine andere als MEINE Frau
hätt' mich tausendmal verlassen.
Sie blieb.
Und ich kann's bis heut' nicht fassen,
wär' ich denn auch noch so schlau!

Mit der Zeit wurde's dann besser,
stand aber da trotzdem noch träg'.
Nackt schaute ich mich selbst an schräg:
mein Bauch wurde immer größer.

Denn diese meine Medizin
dämmte den Stoffwechsel mir ein.
Doch nahm ich's jahrzehntelang so hin:
was sein muss, das muss halt sein!

41

* Fluanxol ist ein Medikament

DER MARKT REGELT ALLES?

(aus der Presse)

Was knapp wird, wird teurer –
so war es faktisch immer schon.
Doch warum werden nicht indessen,
das auch Pfleger im Gesundheitswesen?
Sie schuften für einen Spottlohn!

Auch wenn man's nicht gern hören mag,
spiegelt es doch die Realität:
der größte Wahnsinn, heutzutag',
ist die Normalität!

2023

7

AMPELPOLITIK 2022-2023

In der heutigen Abzocker-Welt,
verfolgt man selten Modestes.
Manche wollen nur unser Bestes:
*unser Geld!**

Und kriegen es auch, nach wie vor,
denn die Verteuerung der Energie
öffnet, trotz wehrhafter Demokratie,
vielen Betrügern Tür und Tor.

Es wird einem schon bange
mit „Zuckerbrot und Peitsche",
doch gibt's neulich, bei uns „Deitsche",
sogar „Cannabis und Brechstange"!

*aus dem Volksmund

UKRAINE-KRIEG

Ich weiß, ich mach mich unbeliebt:
doch wenn sich anhäufen die Särge,
ist es ein Beweis von Stärke,

*wenn man nicht zu spät aufgibt!**

2023

* aus dem Volksmund

BESETZT

Auch ich hab' mein Herz verschenkt,
aber was anderes zurückbekommen,
das mit Glück wohl ist vermengt
und mir nie mehr wird genommen.

Es schlägt noch in meiner Brust,
doch gehört es nicht mehr mir,
diesen gewinnbringenden Verlust
verdanke ich allein nur dir.

Ich ließ mich von dir besetzen
an der empfindlichsten Stelle,
wo man einen leicht kann verletzen,
wenn man ihm rückt auf die Pelle.

Doch als ich dir begegnet bin,
gingst du mir UNTER die Haut,
bis in den letzten Winkel hin,
sobald ich dich hab' angeschaut.

DOKTRIN

Wir sind umstellt von Waffen,
was du als Einzelner nicht ändern kannst.
Und das macht uns Angst:

man will
mit noch mehr, Sicherheit schaffen!

EHRWÜRDIG

Arbeit schützt vor Armut nicht,
*oder besser gesagt: nicht MEHR!**
Das ist der aktuelle Trend –
man schafft bis man zusammenbricht
und an jedem Monatsend',
ist doch das Konto leer.

Man lebt von heut' auf morgen
und kommt zu nichts.
Nur gibt man es nicht zu, gern:
dass einen jetzt plagen Sorgen
auch unter dem Mercedesstern,
das moderne Kruzifix.

Die Götter haben ausgedient,
im Himmel wie auf Erden,
sozial wird es ringsum kälter.
Die auf Hilfe angewiesen sind,
suchen sie in Müllbehälter
eher als bei Staatsbehörden!

So tief will mancher nicht mehr sinken,
ein Rest von Ehre wird behalten.
Man möcht'
sich mit Pfandgut durchschlagen:
auch wenn man andern muss nachhinken,
ist man bereit es doch zu wagen,
sein Leben noch SELBST zu gestalten!

2022

* aus dem Volksmund

ABWEICHUNG

Man hat's anderweitig
auch mal vermisst,
dass es nie rechtzeitig,

zu spät ist!

PRO UND KONTRA

TV-Bericht

Für die Landwirtschaft soeben,
muss Laborfleisch keine Gefahr sein,
eher kann sich draus ergeben
sogar ein neues Standbein.

Zentral ist, dass gleichermaßen,
Politik und Gesellschaft nicht pennen,
sich nicht von Skepsis leiten lassen,
sondern die Vorteile erkennen.

Ein wichtiger Faktor ist wohl,
die Herstellungskostenreduktion,
da ist man noch nicht wo man sein soll,
doch auf dem richtigen Weg schon.

Ein' Burger gab's vor sechs Jahren,
noch für eine Viertel Million,
heut' ist billiger das Verfahren
dank Öko-Stromproduktion.

Vom Land- und Wasserverbrauch her,
hat das Genfleisch die Nase vorn.
Da gibt's auch keine Knochen mehr,
was ja auch sein kann ein Ansporn.

Aber ob so was in Deutschland
ein' großen Zuspruch erfährt,
ist fraglich: laut aktuellem Stand,
jeder sich klassisch gern ernährt.

Gewohnheiten ändern sich langsam,
und mit Diktat geht neulich nichts,
will man erreichen was gemeinsam,
dann nur mit 'nem gesunden Mix.

Auch wenn man kein Tier muss töten,
braucht man um Genfleisch zu züchten,
immer noch Blut von Tierföten –
auf Zucht kann man nicht verzichten!

Bis jetzt wird das Tier gehalten,
dann folgt, irgendwann, die Schlachtung,
wobei man Sorgfalt halt lässt walten,
denn jedes Wesen verdient Achtung.

Zusätzlich zum Fleisch fällt ab,
Leder und Produkte andrer Art,
die könnten mal werden knapp,
wenn Gentechnik gewinnt an Fahrt.

Mit Kot und Gülle, immerhin,
lässt sich auch Kunstdünger sparen,
so macht die Kreislaufwirtschaft Sinn,
trotz alt herkömmlichem Gebaren.

2022

ZEITNOT

Als Rentenbezieher,
seit ich näher bin am Grab,
vergeht mir der Tag im Handumdreh'n.
Und weiß nicht von wo ich früher,
mir die Zeit genommen hab',

um auch noch schaffen zu geh'n!

ABSURDISTAN

TV-Bericht

Seit die Talibans übernahmen
die Macht in Afghanistan,
regiert das Land der reinste Wahn
und mehren sich in ihm die Dramen.

Am meisten leiden die Frauen
unter den neuen Umständen,
die können nicht aus den vier Wänden,
allein sich auf die Straße trauen.

Nur in männlicher Begleitung,
doch stellt man in den Städten fest:
man macht's trotzdem, als Protest
gegen die Landesleitung.

Sie wollen sich eben, kühn,
nicht unsichtbar machen lassen.
Weniger Frauen auf den Straßen,
sieht man auf dem Land 'rumzieh'n.

Und dann verhüllt, in zweier Gruppen –
man tut es noch so weit treiben,
dass gesichtslos müssen bleiben
sogar die Schaufensterpuppen!

Man will sich von der Welt abschotten,
lebend wie auf 'nem anderen Planeten:
außer dem Murmeln beim Beten,
ist jede Musik verboten!

Doch viele Talibans sind GEGEN
ein Bildungs- und Arbeitsverbot
für Frauen, und erkennen ihre Not –
drum muss man schnell suchen nach Wegen,

mit diesen, die raus ragen aus der Masse,
den Dialog zu intensivieren.
Die Herrscher stets mehr zu isolieren,
führt *auch* in eine Sackgasse.

2022

ZEICHEN

Mancher lebt bloß für Konsum,
doch sollte man auch was kreieren,
am besten so dass man posthum,
weiter noch wird existieren.

Wer ein Haus baut setzt ein Zeichen
auch für die Nachwelt,
dem kann man nicht das Wasser reichen,
wenn man nicht ähnliches aufstellt.

Darum heißt es im Leben:
nicht nur nehmen und verbrauchen,
sondern möglichst auch was geben,
bevor wir aus der Welt wegtauchen.

Mir gelingt, ohne Verrenken,
sogar aus NICHTS etwas zu machen,
bringend Leute zum Nachdenken,
oder einfach nur zum Lachen.

Mit Geduld, die auch mal schwindet,
bau' ich an einem Wörterhaus,
wo ich hoff', dass man mich findet,
auch über meinen Tod hinaus.

VORAUSSCHAUEND

      (angelehnt an den Volksmund)

Mit ihm hadert man umsonst,
was immer auch geschehe:
er war ganz einfach,
stets für den Sex VOR der Ehe –
wann denn sonst,

erst DANACH?!

RICHTIG ANGEPACKT

(aus der Presse)

Die Zeiten als noch sorgenfrei,
und irgendwie unsichtbar
die Energieversorgung war,
sind endgültig vorbei.

Amtsformalitäten sind Fortschrittswürger,
drum gehört die Energiewende
eher in die Hände
einsatzbereiter Bürger.

Denn eigentlich erst dann,
könnte sie besser gelingen,
wenn man sie voran
auch *zügig* wird bringen.

DUMPING

Teepflücker sind schlecht bezahlt
wie auch die Kaffeeanbauer,
wer ihn bloß röstet und dann mahlt,
ist viel besser dran, auf Dauer.

Ein T-Shirt wird heut' hergestellt
weit weg von uns, für ein paar Cent,
denn für unsere Konsumwelt,
wär' es sonst nicht effizient.

Hierzulande buddeln auch
manche in einem Minijob,
eine Branche mit dem Brauch
zu entlohnen so als ob.

Doch man benimmt sich meistens toll,
in Bezug schon auf die Mülltrennung.
Nur bleibt die Erd' immer noch voll
mit Sehnsucht nach Anerkennung!

2017

ZU BEFÜRCHTEN

("nano" TV-Sendung)

Ein uns bedrohendes Malheur
mit der KI beginnt erst dann,
wenn sie ihre Werkzeuglaufbahn
verlässt und mal wird zum Akteur.

So könnte sie Grenzen verletzen
und übernehmen die Hauptrolle,
entziehend sich jeder Kontrolle –
nichts darf den Menschen ganz ersetzen!

VERNACHLÄSSIGT

Auch wenn die Politik ganz schlau,
mit manch ihrem Gebaren
immer wieder mal auftrumpft,
ist der soziale Wohnungsbau,
in den letzten zwanzig Jahren,
um die Hälfte geschrumpft.

Als ob's keinen interessiert,
ist das von oben so gelenkt
und man macht weiter wie bisher.
Obwohl alles teurer wird,
an die kleinen Leute denkt,
immer öfter keiner mehr!

2022

GESELLSCHAFTSSPIEGEL

Getrieben von einem Reflex,
sind die meisten bis zuletzt
immer unterwegs,
auf Schnäppchen-Tour, nach Beute.
Denn Konsum wird heute,
positiv besetzt.

Der Egoismus ziemlich auch:
Hauptsach' ICH komm' auf meine Kosten,
so ist es Sitte und Brauch –
was geht mich der Rest denn an?
Die Ware muss wohl an den Mann,
bevor sie beginnt zu rosten!

Um des Habens Willen,
steigt man auf den Ellenbogen
(und das nicht immer im Stillen)
die Karriereleiter rauf.
Ist man für so was nicht gut drauf,
wurde man halt falsch erzogen!

SUCHE

Stets auf der Jagd zu bleiben
neue Ideen zu erhaschen,
das gehört auch zum Schreiben,
wenn man möchte überraschen.

Doch gelingt mir das nicht immer,
und so muss ich eingestehen:
hab' manchmal keinen blassen Schimmer
wie es weiter könnte gehen.

Nur bleibt mir keine andre Wahl
als erneut loszulegen,
denn es kommt uns von überall,
Unerwartetes entgegen.

ALARMIEREND

     TV-Bericht

Man muss es seh'n in aller Drastik:
jede zwei Minuten
tun dreißig Tonnen Plastik
unsere Meere fluten!

Wir nehmen täglich heut'
ein Gramm Mikroplastik auf,
was auf keinen Fall erfreut,
denn manche geh'n deswegen drauf.

Es kann Krebs verursachen,
oder schon in jungen Jahren
für immer unfruchtbar machen.
Und statt uns so was zu ersparen,

wird demnächst, ohne Pausieren,
die aktuelle Plastikmenge
ums TAUSENDFACHE explodieren,
uns noch mehr treibend in die Enge!

VOLLBESCHÄFTIGT

       (angelehnt an den Volksmund)

Auch wen ich das Bild etwas verzerr,
könnt' ich immer noch behalten Recht:
ein Haus hat keinen Herr –

ein Haus… hat einen Knecht!

ENERGIEKRISE 2022

Großer Gott, sei doch so lieb
und offenbar' uns nicht vergebens,
Zeit unseres Lebens,
vom Geschehen das Prinzip!

Auf dass wir besser begreifen
wie es um uns steht,
und in Ruhe können reifen,
bevor es doch ist zu spät.

Um nicht beschränkt zu enden,
in dieser aufgeklärten Welt,
in der wir immer noch viel Geld
für Unwichtiges verschwenden.

Jetzt wo das Gas wird knapp
und Krieg den Preis hochtreibt,
geht's im Winter mal bergab,
muss jeder schauen wo er bleibt.

*Doch wenn das Volk friert,
wird auch die Regierung zittern**
und diskreditiert,
auf ein Tief hinzu schlittern.

Drum ist sie stets am Schnüren
von finanziellen Hilfspaketen,
denn alle möchten weiter *führen*
und niemand zurücktreten!

*aus dem Volksmund

UNFAIR

Menschenmassen wollen genau
auf den kürzesten Wegen,
sich schnell hin und her bewegen,
und stehen dann im Stau.

Das belastet die Umwelt,
wie auch das temporeiche Fahren,
wer soll uns vor uns bewahren,
bevor alles zusammenfällt?

Der Klimawandel wird unfairer –
ÄRMERE Länder und Leute
trifft er schon heute,
immer schwerer.

Wie groß ihre Schuld sei,
ist seit lang' geklärt:
sie tragen am wenigsten bei,
*zur Erwärmung der Erd'!**

2021

*TV-Bericht

OPTIMIERUNG

TV-Report

Mit KI kommt man heut' weiter:
sie hilft Firmen beim Normieren,
um die Zahl der Mitarbeiter
gewinnbringend zu reduzieren.

Die Arbeitsabläufe werden
damit pingelig exakt
in kleinste Schritte zerhackt,
trotzend den Abstumpfungs-Beschwerden,

die auftreten mit der Zeit.
Auch wenn die Jobber müssen hetzen,
kann man bei Bedürftigkeit,
sie so viel leichter ersetzen.

KI ist eine Pandorabüchse,
im Namen des Humanismus
braucht man einen Kapitalismus,
ohne extreme Auswüchse!

WAS UNS BLÜHT

Wir sind ein Land der Erfinder
und Talkshow-Diskussionen,
doch weil gewöhnlich wir uns schonen,
gibt's immer noch zu wenig Kinder.

Unserem Wohlstand zum Trotz,
den wir hegen und pflegen,
sieht man den Nachwuchs an als Klotz
am Fuß, auf allen Wegen.

Man möchte niemanden verletzen,
aber ein Kind braucht Zeit und Geld,
was dann konkret uns selbst fehlt,
und nicht ist zu ersetzen.

Denn man möcht' auf nichts verzichten,
was man vorher schon gehabt,
sich für die Zukunft zu verpflichten,
war man nie so recht begabt.

So sind wir doch eher bereit
uns zu begeben ins Verderben,
auch wenn wir eben mal aussterben,
dank unserer Behaglichkeit!

AUTONOMES FAHREN

TV-Bericht

Künstliche Intelligenz
kann Fahrzeuge steuern,
und wird künftig, in Essenz,
das Fahren noch mehr verteuern.

In der Anfangsetappe
ist sie bloß Assistent,
bis sie ihre Aufgabe
detailgenau hat gelernt.

Dafür wird sie mit Daten
und Informationen gefüttert,
weltweit wird zur Zeit erbittert,
geforscht an diesen Apparaten.

Verantworten sich dann, ungefähr,
solch' Autos auf dem Polizeirevier?
Denn der Fahrer ist kein Fahrer mehr,
sondern… Passagier!

„AMPEL"-AUSFÄLLE 2023

Dass die AfD progressiert,
ist nicht dank ihrem politischen Instinkts.
Sondern, wenn die „Ampel" nicht funktioniert,

dann gilt einfach: rechts vor links!

SCHATTENSEITE

Viel Geld kann MIR nicht reichen
ohne ein gutes Gewissen,
sich an so was vorbei schleichen,
geht meistens nicht ohne zu büßen.

Denn Reichtum kann auch kränken.
Sollte man sich ihm ganz hingeben
und sich nicht selbst beschränken,
entsinnlicht er das Leben.

IRRE

(aus der Presse)

Was an den Sozialen Medien stört
und auch erschreckt, in unsrer Zeit:
nicht wer gut reflektiert
und am schlüssigsten argumentiert,
sondern *wer am lautesten schreit,*
wird gehört!

Halbwissen und 'ne Menge Hetz'
machen sich immer mehr breit,
und bringen in Umlauf, weltweit,
falsches Zeug und Hass im Netz.

Frage, angesichts solcher „Gaben“:
Ist DAS die Freiheit für die,
die Väter der Demokratie
sich eingesetzt haben?!

ANDERE ZEITEN

Früher galt das Wesentliche:
man brauchte nicht die Opulenz
der Künstlichen Intelligenz,
man verfügte über… natürliche!

Doch auch wenn man versteht die Essenz
dessen was ich damit meine,
lieber KÜNSTLICHE Intelligenz,
*statt gar keine!**

*aus dem Volksmund

SCHWINDEL

Manches Buch hat einen schönen Titel,
nur enttäuscht es dann beim Lesen.
Außer diesem Werbungsmittel,
gefällt nichts an seinem Wesen,

das, irgendwie, hervor soll ragen,
wie das Cover es verspricht.
Man müsste denjenigen verklagen,
der so was veröffentlicht!

Im Handel heißt das: Etikettenschwindel,
und wird halt auch bestraft,
füllend ganze Aktenbündel,
bei mancher Anwaltschaft.

Doch in der Kunst ist es erlaubt,
es ist eine Frage von Stil.
Ein jeder kann labern was er will,
auch wenn man ihm nicht alles glaubt.

SEHNSUCHT

Für manche gäb' es was zu feiern,
schaffte man eben diese Hürde,
und Deutschland gehören würde,

endlich auch …zu Bayern!

AUFATMEN

Wenn man mal auf dieser Welt,
auf dem Weg hin zum Endziel,
die eig'ne Unwichtigkeit feststellt,
ist's ein befreiendes Gefühl.

Dann kann man getrost weiter,
trotzen auch manchen Problemen,
und völlig unbekümmert, heiter,
sich selbst auf die Schippe nehmen!

VERSTOSS

Die Gelegenheiten der Konzerne
zur Verfehlung haben sich vermehrt.
So wird – schon sichtbar aus der Ferne –
die Moral halt auf der Erd',
zum Preis der Moderne.

Denn die dazu beitragen,
sind nicht nur allein die Großen.
Es wird in unsren wirren Tagen,
auch von anderen verstoßen
gegen die Auflagen.

Als gelte: erst der Profit,
dann die Moral!
Ohne Geld, kein Fortschritt:
UNSRE Pyramiden reichen bis ins All,
was immer auch nach uns geschieht!

Man hat schon längst den Mond besetzt
und eine Fahne drauf gehisst.
Nur, dass man hier Unten und jetzt,
manche gute Tat vermisst,
wird verdrängt zu guter Letzt.

Hauptsach' wir sind online vernetzt!

VERWECHSLUNG

Nun fühlt er sich wieder fit und stark,
doch zwei Tag' war sein Hirn benebelt:
er wurde bei IKEA arg

von 'nem Besoffenen...vermöbelt!

LANDWIRTSCHAFTSPROBLEM

(gestützt auf Fakten aus den Medien)

Wenn bis zum Jahrtausendend',
zehn Milliarden Leut' die Erd'
bewohnen, wie es zeigt der Trend,
dann sind von besonderem Wert

die Agrarwirtschaftserträge
aus den' man Lebensmittel herstellt,
die knapp werden in der Welt.
Drum muss man wohl auch finden Wege

diese zu steigern, effizient,
denn bei DER Erdpopulation
muss um fast siebzig(!) Prozent
wachsen die Nahrungsproduktion.

So dass die Frage im Raum steht,
die manche hindert zu erschlaffen:
kann eigentlich unser Planet,
überhaupt das schaffen?

DIE MAUER

Seit über dreißig Jahren,
steht sie nicht mehr in Berlin.
Man nahm es damals glücklich hin,
mit begeistertem Gebaren.

Verschwunden – wie ihre Erbauer.
Jedoch
gibt es eine immer noch
in den Köpfen. Das schmerzt auf Dauer.
Drum bringe man ALLES auf Trab,
und reiße wohl auch diese ab!
Am besten schon heute!
(Nicht die Köpf'! Ich mein' die Mauer!
Leute, Leute!)

TRAUUNGSZEREMONIE

Der Pfarrer war groß und hager
und vor dem Altar antwortete er ihm schrill:
- „Ja, ja, ich will!“
Darauf in den Raum, der Pfarrer:

- „Wieder so ein Ja-Sager!“

AN MEINEN POTENTIELLEN VERLEGER

Es gibt auch glänzende Nieten,
einer wie ich ist eine Quelle.
Sie, wenn's Ihnen recht ist, gelle,
können ein Flussbett mir anbieten.

Brauch es nur bedingt,
(hab keine Eitelkeiten)
wenn's mir bei Lebzeiten,
doch noch etwas bringt.

Denn so 'ne Quelle, nebenher,
in Zeiten von TikTok, Internet,
schafft's auch ohne Flussbett,
zu erreichen mal das Meer!

TEMPOWECHSEL

Während all den Berufsjahren,
lebte man beschleunigt halt,
ist man mal alt,
sollte man die Ruh' bewahren,

suchend den sanften Übergang,
in die Rente, aus der Zeit.
Denn der markiert den Anfang
'ner neuen Lebensgeschwindigkeit.

Am besten sich einsetzen für etwas,
und somit rechtzeitig vermeiden
Vereinsamung in Übermaß,
an was manche heute leiden.

Betreffend das Eheleben,
brechen im Ruhestandverlauf,
Unverträglichkeiten eben,
gegebenenfalls stärker auf.

In jungen Jahren lenkte davon,
wie nebenbei der Beruf ab,
und jetzt ist man oft zu schlapp,
für einen Liebesmarathon!

DANKBARE FREUDE

Wenn ich in 'ner Wirtschaft muss zahlen,
ist stets auch ein Trinkgeld drin.
Das bringt die Bedienung zum Strahlen,
und mich

macht es nicht ärmer, als ich schon bin!

FRÜH ÜBT SICH

Schulen sollen neutrale
Orte des Miteinanders sein,
nicht nur im Klassenraum allein
oder in der Turnhalle.

Sondern auch in der Pause, im Hof,
wo man öfters kurzerhand,
einen abstempelt als doof
und ihn wegdrängt an den Rand.

An Schulen sind eine Menge
Vorurteile anzutreffen,
doch schlägt ein Kind über die Stränge,
weil es den Großen will nachäffen!

AUF DEM RICHTIGEN WEG

„Es gibt eine neue
Volkskrankheit: Handynacken!"

Die Presse

Der Einzeller war ein ganz Kleiner,
aus dem entstand die Amöbe.
Dann verließ man das Meer, bei Ebbe,
als Kriechtier und wurde zum Vierbeiner.

Es folgte der aufrechte Gang,
man lernte den Kopf zu erheben.
Nun schalten wir um, Richtung Anfang,
geh'n mit gebeugtem Haupt durch's Leben.

Starren ständig auf das Smartphone,
und werden bald, auf allen Vieren,
die De-Evolution fortführen,
mit größter Präzision.

Denn ist es eigentlich nicht prima,
dass wir nichts müssen entbehren,
und dank dem stets wärmeren Klima,
wir ins Meer mal zurückkehren?!

VOR- UND NACHTEIL

Wer nachlässt manchen Rabatt,
kommt im Geschäft eher zum Zug.
Wer nie was gibt – der hat.

Aber ständig nicht genug!